꽃처럼

꽃처럼

1판 1쇄 발행	2022년 2월 20일
지은이	홍종희
발행인	강신옥
펴낸곳	한국문인출판부
등록	2021. 7 제2021-000235

03936 서울시 마포구 월드컵북로 235, 19-704
☎ 010-9585-7785
gtree313@gmail.com
Printed in Korea ⓒ 2022 홍종희

값 13,000원

※ 잘못된 책은 바꿔 드립니다.
※ 저자와 협의하여 인지 생략합니다.

ISBN 979-11-975892-2-5

꽃처럼

홍종희 시집

시집을 내면서

아름다움을 찾아

　오래전부터 시집을 내보라는 친구의 권유로 선뜻 내키지는 않았지만 평소 생각이나 느낌이 머무르는 것을 작은 표현이지만 용기를 내보기로 한 데는 이유가 있었습니다.
　시는 사막에서 상처를 치유하는 도구가 되어야 합니다. 이 엄혹한 코로나19로 온 세상을 뒤덮은 처참한 현실 속에서 비록 미약하나마 나의 몸짓과 표현이 누군가에게 작은 위로와 마음의 양식이 될 수도 있겠다는 생각이 퍼뜩 떠오르면서 밤잠을 설치면서 만들어낸 시 몇 편이지만 용기를 낼 수 있었습니다.
　시를 읽는 분들은 누구나 가슴에 시를 품고 살아갑니다.
　천진한 어린이로부터 평생 한 번도 시를 접해보지 못한 분들에 이르기까지 사람은 누구나 그들만의 언어로 몸짓으로 날마다 시를 표현하며 살아갑니다.

사람뿐만 아니라 들에 피었다 지는 꽃, 들풀, 나무도 흔들리는 바람과 함께 시를 표현하고 있습니다. 다만 말로 꿰어내고 글로 엮어내지 못할 뿐입니다.

오늘 나와 함께 살아가는 많은 분들에게 작은 마음의 위로와 영혼의 안식이 되기를 바랍니다.

끝으로 시집 출간을 제의해 주고 여러모로 용기를 주신 이철호 이사장과 편집자에게 감사의 인사를 드립니다.

2022 봄을 기다리며
홍종희

차례

아름다움을 찾아 4

1부 내가 너를

세 친구	12
나의 어린 시절	13
내가 너를	14
나의 마당	16
내 마음	18
고독의 성	20
삶	21
외로움	22
내가 택한 길	24
생일 상	26
주고 싶은 마음	28
새 봄	30
생명의 봄	31
잔인한 달 사월	32
신록의 향연	34
눈부신 봄날	36

2부 표범나비의 죽음

부활절 아침 ·················· 40
들풀 ························ 42
그런 시를 ···················· 44
식목일 ······················ 45
따스한 세상 ·················· 46
반려 식물 ···················· 47
뒤뜰의 야생초 ················ 48
표범나비의 죽음 ··············· 50
귀한 존재 ···················· 52
믿음 ························ 54
참회 ························ 55
나는 누구인가 ················ 56
그녀의 병상 ·················· 58
여백의 미 ···················· 60
목마름 ······················ 62
걸레같은 사람 ················ 64
시가 되어야 ·················· 66
침묵 ························ 68

3부 흐르는 강물처럼

꽃처럼 70
상선약수(上善若水) 72
말 한마디 74
여행자 76
말을 안 하는 아이 78
빈 마음 80
오늘의 다짐 82
산책길 84
창문에 붙어 있는 정원 86
평범한 사람 88
죽음은 삶의 질서 90
섣달 그믐 92
흐르는 강물처럼 94
두물머리에서 96
몸살 난 지구 97
코로나 19는 경고 99
고통의 어머니 지구 101
오늘의 교회 103
이상한 세월 105

4부 당신이 있어 행복합니다

만남 ·· 108
날마다 새롭게 ································ 110
당신이 있어 행복합니다 ················ 112
슬픈 예전 ·· 114
피아노 ·· 116
클래식 ·· 117
손녀의 트럼펫 ································ 119
이웃 사촌 ·· 121
카드 한 장 ······································ 122
고향의 느티나무 ···························· 124
소한 추위 ·· 125
무애의 차원 ···································· 126
세월호의 영웅 ································ 128
오래된 영화 ···································· 130
다시 이 날에 ·································· 132
아름다움 ·· 135
푸른 5월 ·· 137

5부 내 인생은
　　　하나님이 지으신 한편의 시

죽을 고비를 세 번이나 넘기며 ·················140
학교에 가고 싶어 ································142
불우한 환경의 극복 ·····························143
눈물로 삼킨 빵 ··································145
삶의 희망 ···148

■ 시평 이철호(소설가, 새한국문학회 이사장)
　시의 마당에 피어난 꽃들 ················ 151

1부
내가 너를

세 친구

혼자 있을 때는
하늘은 푸른 하늘이고

둘이 있을 때는
하늘은 맑고 깊은 하늘이고

셋이 함께 하면
하늘은 아늑한 고향 하늘이다

나의 어린 시절

이른 봄이면
그래도 먹을 것이 생겼다
밭으로 산으로
냉이랑 쑥이랑
온종일 뜯었다

흙묻은 손등은
갈라져서 피가 나고
배고프면 물마시고
허기진 배를 동여매고

그래도 저녁에는
쌀 한줌 넣은 멀건 냉이죽이
그렇게도 맛있었지

허발을 하고
빈그릇을 밀어 놓고는
포만감에 행복했었지

내가 너를

나는 나이 먹어가는 나를 사랑한다
약하디 약한 나를 끊임없이 격려한다
무릎이 아파 쓰다듬으며 위로한다

나는 내가 그냥 좋다
나는 내가 가장 무섭기도 하고
늘 마음을 다독이기도 한다
그리고 칭찬도 아끼지 않는다

자연 연령은 자꾸 높아가는데
정신 연령 영적 연령이 그에
따르지 못할까봐 늘 마음 쓴다

나는 꿈이 있어 행복하다
그 꿈을 실현하기 위해
오늘도 나와의 싸움을 이겨내려고
매 순간 소홀함이 없이 애를 쓴다

그런 내가 참 좋다
이대로 누구와도 함께, 더불어가
나의 꿈이기 때문이다

나의 마당

사람은 저마다
소중한 존재다
저마다 아름다운 의미를
지니고 태어난다

그 의미를
제대로 피어나게 하는 마당이
부모일 수도 있고
스승일 수도 있다

그러나
수많은 사람들은 자신을
좁은 틀 속에 가두고
서로 닮으려고만 한다

넓은 마당에서
당당한 인간으로
힘껏 뛸 수는 없는가

꽃을 피우고
열매 맺는 일은
지금 넓은 마당에서

나만의 재량으로
얼마나 뛰고 있느냐
그것이 나의 마당이겠지

내 마음

변화무쌍한 마음
내 마음 나도 모른다

허위에 찬 마음
버리고 싶은 마음
상처난 마음
조각난 마음

신께 내려놓으면
어루만져 주신다
그리고
내 마음을 지키자
내 마음을 한복판에 두자

마음을 굳게 먹고
마음을 주자
마음을 쓰자
마음을 붙이자

그리고
마음을 끄는 사람 되자

마음 조심
말 조심
길 조심

그래서
남과 함께 조화로울 때
세상은 아름다워지리라

고독의 성

변변치 못하여 화를 당하던 날
눈길에 넘어져 양손을 부러뜨리고
119에 실려 병원 신세

그날도 눈 내리던 장례식날
아련히 어른거리는 그 생각에
발밑 얼음은 보이지 않고

고독은 성처럼 나를 두르고
앞이 캄캄 어둠이 밀려오고
눈아 내려라 비라도 퍼부어라
슬픔도 사치인 것 같다
목메어 소리치며 부를 사람은
내 곁에 아무도 없는데

삶

혼자 사는 즐거움이 있다
사람들을 피하기 위해서가 아니고
나 자신의 리듬에 맞추어
나의 길을 가는 즐거움이다

뜻이 맞는 사람도 좋지만
나무나 꽃들도 좋다
내 삶을 곁에서 지켜봐 주고
말을 건네주고 있기 때문이다

내 곁에서 꽃이 피어난다는 것은
얼마나 놀라운 생명의 신비인가
곱고 향기로운 우주가
활짝 피어있는 것이다

살아간다고 하는 것은
우주가 벌이고 있는 생명의 잔치에
함께하는 일이다

외로움

어느 날
걸려온 전화
절친의 목소리다

오늘
왜 이리 외로운지
벌서 떠나보낸 남편도 그립고
늘 생활해 온 이 방도 낯설고
자꾸 눈물만 흐른단다

혼자 사는 사람만
외로움을 느끼는 것은 아니고
세상 사람 누구나
다 외롭기는 마찬가지지

외로움을 느끼지 못한다면
그는 무딘 사람 아닐까

가끔 외로움을 느끼는 것도
살아있는 사람만의 누림이겠지

내가 택한 길

오늘 하루도
나에게 주어진 길을 걷는다
걷다보면
오르막 길도 있고
내리막 길도 있다

나는 오늘도 오르막 길에 들어선다

오르막 길은 어렵고 힘들지만
조금만 더 참고 오르면
새로운 세상이 보인다

평화스런 마을도 보이고
그늘도 보이고 전망 좋은 곳도 보이고
하늘이 더 넓고 환해 보인다

또한 고개를 헉헉 오르다 보면
나의 희망이 고개 너머로 보인다

오르막 길을 통해
뻐근한 삶의 저항 같은 것도 느끼지만
창조의 의욕도 생겨나고
새로운 삶의 의지도 지닐 수 있다
어려움을 겪지 않고는
거듭 태어날 수가 없다

생일 상

늙은 이 중상 늙은 이
옛날 어른들 말씀
팔십 줄에 들어서면
그렇게 표현했다

구순의 절반을 내다보는
생일 날 아침
밥상을 우아하게 차려보자

미역국도 끓이고
나물도 이것저것
평소보다 푸짐하다

무심했던 손녀의 상큼한 목소리
멀리 떠나간 교우의 구수한 목소리
여기저기서 맛있는 목소리들

해외 동포된 이민간 아들네

화상 속 환한 얼굴의 웃음꽃들

상이 휘어질 듯 뿌듯한
혼자 먹기는 아까운
생일 날 아침 밥상이다

주고 싶은 마음

해가 바뀌면
복 많이 받으라는
문자나 전화가 많다

누구나 주는 일보다
받는 일이 훨씬 많지 않을까

받기만 하고 주지 않는다면
그것은 탐욕이고 인색이다
그리고 결과적으로 빚이 된다

주고 받는 것은
물건만이 아니다

말 한마디
몸짓 한 번
정다운 눈길

따뜻한 마음이 따뜻하게 전해지고
차디찬 마음이 차디차게 전달된다

사람은
이웃에게 전해지는 울림에 의해서
자신이 살아간 자취를 드러낸다

내가 가진 것은
내 것이 아니라
한동안 내가 맡아 가지고 있을 뿐이다

내가 먼 길 떠나기 전에
새 주인에게
죄다 돌려주고 싶다

새 봄

새로운 생명의 계절
땅 위로 올라오는 새싹
가지 끝에 피어나는 꽃
3월의 바람은
꽃봉오리에서 나온다

새로운 생명이 솟아나는
새 봄은
어린 생명들의 분투
딱딱한 마음에도
새로 움이 돋는다

생명의 봄

봄은 우리를 밖으로 끌어내는
마력을 지니고 있다

삼동을 견디어 온 우리 속에
생명을 넣어준다

모든 생물들은 봄을 맞아
생기 얻고 기지개를 편다

봄은 얼어붙고 불에 타고 부서진
그런 곳에서 온다
봄은 차가운 파도 속에서

찬바람을 뚫고 피어오른다
땅에 서리가 녹기 시작하면
사람도 녹기 시작한다
뭉클한 대자연의 숨결 속에서
봄은 마음을 울린다

잔인한 달 사월

얼어붙었던 대지에
생명을 소생시켜주고
움츠렸던 마음을 녹여준다 해도
나는 사월이 싫다

피어린 의거 4·19
양민학살 4·3 제주
무수한 생명을 앗아간
세월호 참사

노란 개나리꽃
하얀 목련
향기로운 라일락
매화와 벚꽃
진달래와 철쭉
앞다투어 산천을 수놓아도
얼어붙은 마음속으로
봄바람이 불어와

녹여준다지만

그래도
봄 같지 않은
따스함을 주지 못하는 사월
피눈물이 흐르는
잔인한 달 사월이 싫다

신록의 향연

옷을 다 벗어놓고
그 모진 겨울날을
하늘만 쳐다보고
인내한 보람

작은 숨구멍으로
생기를 뿜어내는 소리
맥박보다 더 큰 소리

생명의 충만함
연두빛 잎사귀
저마다 빛깔이 다른
그 나무의 독특한 옷

꽃보다 아름다운 연록빛으로
신록의 가지 끝에서
빛나는 푸른 햇살은
하늘이 주시는 축복의 물결

산천초목은 활짝 웃고
내 마음도 활짝 웃으니
온통 그리움으로 물든다

내 영혼의 맑은 빛으로 승화된다

눈부신 봄날

한송이 꽃이 피기까지는
인고의 세월이 있다
참고 견딘 세월이 받쳐준다

나무와 풀들은
참고 견뎌온 그 세월을
꽃으로 잎으로 펼쳐낸다

매화는 반개했을 때가
벚꽃은 만개했을 때가
복사꽃은 멀리서 볼 때가
배꽃은 가까이서 보아야

그 꽃의 자태를
여운있고
환상적인 분위기로
더 아름답게 느낄 수가 있다

꽃이나 잎을
구경하고 감상할 때마다
나는
어떤 꽃을, 잎을 피우려고
피어날 씨앗을 뿌린 적이 있나

찬란한 봄날은 간다
나도 꽃를 피워보았나
아쉬움만 덧없이 흐른다

2부
표범나비의 죽음

부활절 아침

삼일만에 부활하신 예수님
무거운 돌문은 열리고

빈무덤에서
두려움 떨리는 마음으로
예수님을 찾았다

아직도 무덤 속에서
슬픔과 절망
어둠과 좌절
불안과 초조
벗어나지 못하고
머뭇거리고 있는데
약함 허물 부끄러움 치유해 주시려고

어서 나오너라
밝은 세상으로
생명이 있는 세상으로

생명 창조의 길에서
활짝 웃고 계신
주님을 만나다

들풀

어느 곳에서나
흔히 볼 수 있는 들풀

지천으로 자라나는 들풀
사람들은 잡초라 부르지만
들풀도 다 이름이 있다
천하게 홀로 자라나는 잡초들
강아지풀 달개비 지칭개 며느리밑씻개 도깨비가지 노루오줌

오가는 사람들의
발길에 짓밟히고 뽑히고
미풍에도 마구 흔들리지만

돌이면 돌
바위면 바위
나무면 나무와도

잘 어울리는

강인한 들풀이
아름다운 들판을 이룬다

그런 시를

시를 읽으면 피가 맑아지고
무뎌진 감성의 녹이 벗겨지고
마음을 새롭게 가꾸는
그런 시를 쓰고 싶다

시를 읽으면 우리말의 넋이 살아
마음이 활짝 열리고
향기로운 가슴을 지니게 하는
그런 시를 쓰고 싶다

시를 읽으면 오늘 내가
우주의 단 하나인 소중함에
감사하고 행복해 하는
그런 시를 쓰고 싶다

식목일

나무를 한 그루 심으면
우주만물이 모두 신선합니다

나무를 한 그루 심으면
자연이 모두 행복합니다

나무를 한 그루 심으면
생명에게 예라고 대답하는 것입니다

나무를 한 그루 심으면
자연에 대한 빚을 갚는 것입니다

나무 한 그루를 심으면
우리의 미래가 밝아집니다

따스한 세상

따뜻한 햇볕이 그리워
아픈 다리를 끌고
아파트 뒤뜰을 거닐었다

애기 똥풀 꽃잎 위로
바람이 스치고 구름도 흘러간다

한들한들 흩날리는 작은 꽃잎 속에
온 세상의 그림자가 보인다

환자들의 산소 호흡기
의료진의 지친 표정
아!
온 세상 사람들의
따스한 기류가 흐른다

반려 식물

작은 꽃밭에
친구 둘이 늘었다
후리지아 제라늄
방긋 웃는 얼굴로
금방 어울린다

독특한
아름다운 빛깔로
진한 향기로
무성하게 뻗는 생기로
고귀한 자태로
새로운 빛을 발산한다

나도 꽃이 되고 싶어
온 정성을 기울인다

꽃잎은 피고 지고
또 꽃을 피워 올린다

뒤뜰의 야생초

내가 사는 작은 아파트 뒤뜰에는
담쟁이 넝쿨이랑 칡넝쿨이 뒤엉기고
측백나무도 돌담 밑으로 둘러있다.

나는 뒤뜰을 자주 찾는다

강아지풀 토끼풀 지칭개 명아주 쇠비름
개똥쑥 소르쟁이 엉겅퀴

헤아릴 수 없는 들풀이 길섶의 노랑 보라 하양
가지각색의 야생꽃들이 한껏 아름다움으로 공생하는
뒤뜰이 있어 좋다
나는 유독 그런 야생초들이 좋다
어디서나 잘 자라는 들풀들
생명력의 위대함과 고귀함을 보여준다

이 세상에 필요 없는 생명
의미 없는 생명이 있을까?

하나님의 그 크신 품에는 잡초도 큰 위로의 힘이다
동학혁명, 3·1운동, 6월 항쟁 촛불혁명
망초들이 있었기에 오늘의 이 땅을 지켜왔다
누가 시키지 않아도 자발적으로 모여드는 촛불행진은
시멘트 화상을 입어도 꺼지지 않는 민초들이다

천하에 홀로 자라나는 잡초들
나는 뒤뜰을 거닐면서 눈여겨 본다

거목으로 오시지 않고 한 포기 들풀로 오신 예수님
미풍에도 풀잎처럼 흔들리기도 하신 예수님
때로는 강한 풀잎으로 분노도 저항도 마다 않으신 예수님
버림받으시고 짓밟히기도 하신 예수님
그러다 들풀처럼 십자가에 매달리신 예수님

아파트 뒤뜰에서 돌맹이 하나 풀 한 포기에 스민
많은 이야기를 오늘도 듣는다
들풀로 오신 주님의 음성이 들린다

표범나비의 죽음

흰줄표범나비의 죽음
거미에게 파먹히어
몸통은 보이지 않고
두 날개만 흔들흔들

죽음 앞에서
있는 힘을 쏟아서
밀어 내놓은 신생의 꿈들

사순절
고난주간
주님
괴로움을 넘어

죽음으로 생명을 낳은
표범나비처럼
십자가의 고통
한 알의 밀알이 되어

인간들의 짐을 대신 지셨다

용서 화해 사랑
그 자리로
나아가야 한다

귀한 존재

정진석 추기경의 선종
'모든 이에게 모든 것'
묘비명에 쓰인 말이 회자되다

사도 바울이
나는 유대인 얻으려고
유대인들에게
유대인처럼 되었습니다

바울 사도가
유대인의 구원 위해
자신의 모든 것 바친 고백

조물주와 그리스도를 향한
우리의 고백
신은 인간을 위해
모든 것이 되어 주신다

세계의 인류 모든 이에게
모든 것이 되신 것이
신의 베푸심이다

그러기에 인간은
귀하고도 귀한 존재들이다

믿음

신앙생활은
관념적이나 추상적인
이론이 아니고
순간순간 구체적인 삶을
살아가는 것

수직적인 베풂이 아니고
수평적인 주고 받음

이웃에게 머뭇거리지 않고
선뜻 나누는 따뜻한 마음

그것이
신의 뜻에 다가서는
믿음의 생활이겠지

참회

하나님
베푼 것은 잊어버리고
받은 것에 대한 은혜는
잊지 않겠다던

그 아뢴 말로
마음이 아팠습니다

댓가를 바라는 본성이
슬며시 내밀까 부끄러웠습니다

마음을 내려놓자고
다짐을 했었는데
뻥뚫린 마음으로
해소가 되었습니다

그것이 침묵으로
나아가고 있습니다.

나는 누구인가

요즈음
혼자 사는 사람이 많다
혼밥 혼술 혼거 등
신조어도 생기고

사람은 원래가
혼자일 수밖에 없지 않은가

그 누구도
내 삶을 대신할 수 없다

나는 나답게 살고 싶다
단순하고 평범하게 살고 싶다

느낌과 의지대로
자연스럽게 살고 싶다

어디에도 물들지 않고

순수하고 자유롭게 살고 싶다

나 자신에 진리에
의지해야 한다

그것만이 중심잡힌
내 마음이고
나의 존재 아니겠는가

그녀의 병상

어둠이 채 가시기 전
창밖 하늘은 짙뿌옇다
짙뿌옇던 어둠이 창문으로 흘러내리고

새벽은 매일 새롭고
새로운 마음으로 기도가 열린다

복수가 차고 입원할 형편도 못 되어
병원을 내 집 들나들 듯 했다는 그녀가
눈앞에 맴돌며 내 가슴이 아려온다

얼마나 힘들었으면 전화 한마디에
그렇게 눈물을 쏟을까

외롭게 혼자 버티고 아무것도 없는 그녀가
얼마나 힘들까

어느덧 어둠은 밀려가고 희뿌연 새벽이

창문을 휘덮는다

그녀의 아픔과 고통이 유리창에 밀려오는
새벽을 밀어내고 환한 밝음으로
휘감는 아침이기를

어둡고 무거운 세상을 감싸는
사랑의 은총을 내리소서

당신의 따스한 손길이 그녀의 가슴 속에
햇살처럼 쏟아지게 하소서

여백의 미

덜 채워진 부분
좀 모자란 듯한 구석

동양화에서 여백은
자연스런 아름다움

일부러 꾸미려고 하지 않는
있는 그대로 귀하다

사람도 저마다 아름다움이 있다
저마다 그 나름 지닌 모습
남과 비교하여
꾸미려고 하지 않음이

걸림 없는 자연스러움이고
아름다움이다

덜 채워진 부분에

아쉬움이 있고

좀 모자란 구석에는
그리움이 있다

우리들 삶에도 마음을 비우면
그리움과 아쉬움의 여백의 미
투명한 감수성에 생기가 돌아서
영원한 기쁨이 솟아나는 샘이 된다

목마름

갈증도 나고
짜증도 나고
땀방울은 뚝뚝

들여다 보고
또 들여다 봐도

물 없는 샘만
여기서도
저기서도
샘물을 찾을 수가 없다

나무가 하늘에 말하다
목이 타네요

어릴 때
동네 논둑에
바가지로 퍼먹던 우물

온 동네 사람들
물동이 이고
물도 퍼가고
인정도 퍼가고

바가지도 동동
웃음도 동동

바가지로
샘물을 퍼서
목마른 사람들
실컷 마시게 하고 싶다

걸레같은 사람

내가 어릴 적
엄마 손에는
늘 걸레가 들려 있었다
깨끗하게 빤 걸레

마루도 방도 반들반들
엄마의 얼굴이 비치고
엄마의 속마음도 비치고

예수는 세상에 걸레로 오셨다
더러운 마음을 가진 인간세상에
하늘의 말씀으로 우리를 닦아주시고
힘없는 이들을 다시 세워주셨다

엄마는 나에게
걸레와 같은 삶을 살아라
세상을 아름답게 가꾸어라

밤하늘에 별이 빛나는 것은
걸레가 있기 때문이다
걸레같은 사람이 되어라
엄마의 잔영이 어른거린다

시가 되어야

사람은 날마다
말을 하며 살아간다
자기가 한 말에는
책임이 따라야 한다

말에 책임이 따르지 않으면
인간관계는 단절된다
신의와 예절을
소홀히 했기 때문이겠지

시는
자기가 살아가는 일이
곧 시가 되어야

가슴에 녹이 슬면
삶의 리듬은 잃게 되고

날마다

신의 있고
친절하고
예의바른 말이

어떤 유산보다도
아름답고 값진 시가 되겠지

침묵

말은 침묵에서 나와야 한다
침묵을 통하지 않고 나오는 말은
소음과 다를 게 없다

침묵을 통해서만 사물을 통찰할 수 있다
침묵 속에서 자신의 존재를 자각한다
침묵 속에서 나온 말은 실제의 삶에 이어진다

우주 만물은 매순간 서 있는 그곳에서
말을 하고 있다

인간도 자신이 서 있는 그곳에서
자신의 삶을 통해 말을 하고 있다.

말이 살아 숨쉴 수 있도록 해야 한다
말을 이어주고
말이 남을 살리는 말이라야
그 말을 생명이 있는 말이라고

3부
흐르는 강물처럼

꽃처럼

창가 작은 꽃밭에
새 식구가 늘었다
애기 호접
베리오다
연산홍
서로 어울려
반기는 분위기다

한층 봄의 아름다움
작은 꽃밭의 향연이다

한데 있어도
자기다운 꽃을 피우고 있다

어린 호접은 호접답게 피고
연산홍은 연산홍답게 피고
위세를 자랑하는 베리오다도

서로가 서로에게 닮으려 하지 않고
자기만의 독특한 꽃빛깔로
은은한 향기로

꾸미려 하지 않는
그 모습의 특성이
그 꽃이 지닌
정말 아름다움이다

꽃은
생명이 세상에 펼치는
축제며 시요 축복이다

상선약수(上善若水)

최고의 미덕은
흐르는 물처럼
만물을 이롭게 하라는 뜻

물은
아래로만 흐르는 겸손
어느 그릇에나 담기는 유연함
막히면 돌아갈 줄 아는 융통성
바위를 뚫는 인내와 강함
만물을 살리는 생명력

물의 정화력으로
그리움과 미움
고통과 아집의 감정들을
풀어서 함께 흘려 보내고 싶다

물을 닮아가는
품성을 지니고 살아가면서

부드러움이 단단함을 이긴다는
지혜를 배우고

물 쓰듯 한다는 옛말이 아닌
피 같은 한 방울의 물을 아끼며

물의 성상으로
영원히 흐를 수만 있다면
얼마나 좋겠는가

말 한마디

사람들은 좋은 말 듣기를 원한다
칭찬하면 고래도 춤춘다고 한다

같은 값이면 듣기 좋은 말이
얼마나 아름다운가

남의 말을 들어 마음이 상한다면
그것이 오래 상처로 남는다

자기 체험이 없는 말은
상대의 마음에 울림이 없다

감정노동을 조절하고
상대를 배려하는 말은
풋풋한 꽃동산을 이룬다

따뜻한 말 한마디
남을 살리는 말 한마디

천냥 빚도 갚는다는 말 한마디
그것은
사랑이고 영혼을 확장시킨다

여행자

나는 늘 여행길에 오르는 꿈을 꾼다
내가 살던 집을 떠나 본다는 것은
일상의 집착에서 벗어나기 위해서다

무슨 일을 어떻게 하며 살아왔는지
나 자신을 들여다보게 된다

여행은 단순한 취미보다도
자기 자신을 새롭게 발견하는 계기도 된다

홀로 여행하다 보면
낯선 환경에 마주치게 되고
내 모습이 뚜렷이 드러나기도 한다

때로는 놀라울 만큼 새로운 환경에
도전도 하게 된다

모험을 통해 새 세상 경험하게 된다

자유로움도 있고 휴식을 누릴 수도 있다

삶은 놀라울 만큼 넓고 깊은 그 무엇이
펼쳐지는 듯
그 속에서 생명이 움직이고 있다

그래서 여행을 하고는 한 발
성숙한 경지에 이르는 길이 되기도 한다

말을 안 하는 아이

늦은 등굣길
교실문 똑똑
선생님의 무서운 눈초리

온통 교실 안은
무거운 침묵

매일 반복되는
선생님의 회초리

장애누나의
휠체어를 밀어주는
반복되는 아침 일정

오늘도 무거운 교실문을
두려움으로 밀어내고
회초리로 아침을 연다

웃음보다 차원 높은 울음
뜨거운 눈물은 차가운 마음을
타고 내리는데

그 어린 심정은
캄캄한 세상의
한 줄기 빛이다

빈 마음

나이가 많아지니 여유가 있어 좋다
마음을 비우니 편안해서 좋다
담담한 마음이 삶을 풍요롭게 한다

너그러운 마음이 푸른 하늘에 안긴다
가지고 싶은 것보다 주고 싶은 마음이다
서운한 마음보다 감사한 마음이다

무엇을 먹을까 무엇을 입을까
걱정은 사라지고
있는 대로 먹고 있는 대로 입어도
편해서 좋다

시간에 쪼들리지도 않고
산 너머 구름 가듯이
모든 것 버리고도 가슴 아프지 않고
주어진 오늘에 감사할 수 있어 좋다

삶은 참으로 고귀하고 아름답다

오늘도 빈마음으로
아름답게 늙어가는 꿈을 꾼다

오늘의 다짐

오늘도 새 날이 밝았다
일생에 한 번 맞이하는 오늘
오늘 하루의 삶이 잠자리에 들기 전
후회 없는 하루이기를

내가 만나는 누구나
따뜻한 눈으로
바라볼 수 있어야지

내가 하는 말에
여운이 있어
서로 돌아서는 길에
찡하는 울림이기를

남을 이해하고
받아들이는 아량을 펴보자

나를 이해하지 못하는

사람까지도
노하거나 미워하는 마음
갖지 않아야지
내 생각으로
남을 판단하지 말자
작은 일들을
소홀히 여기지 말자
나를 필요로 하는 곳에는
달려갈 준비하자
지금 내가 선 여기가
하늘나라다

산책길

이른 새벽 탄천 산책길에 나선다
상큼한 새벽 공기
유유히 흐르는 개울물 소리
참새들의 재잘거리는 소리
이름 모를 풀벌레 소리
아침 이슬 머금고 웃고 있는
달맞이꽃 나팔꽃 코스모스
물기 가득 먹은 소금쟁이
이름 모를 들풀잎들
개울물 소리 바람소리에 춤을 추는 억새풀

지팡이에 의지한 노인의 힘없는 발걸음
씩씩한 젊은이의 힘찬 발걸음
뛰는 사람
걷는 사람
마스크로 이어지는 행렬

모두가 정겨운

탄천 산책길에서
따뜻하게 웃고 계신
하나님을 만난다

창문에 붙어 있는 정원

내가 사는 집 창문에
바짝 붙어 있는 작은 정원

이른 아침 만나면 밤새 안녕
저마다 조잘대며
연초록 희망을 틔운다

얼굴이 탐스러운 호접란
친구네서 몇 가지 얻어다 꽂아 놓은 천리향은
수줍은 듯 다닥다닥 엉겨서 향기가 진하다

몇 년 동안 죽은 듯이 엎드렸던 동양란이
한 줄기에 꽃봉오리 몇 개를 맺히더니
금방 환한 얼굴을 내민다
은은한 향기며 고상한 꽃빛깔이 참으로 그윽하다

하느님의 손길이 온 집안을 어루만져 주는 듯

반 평 남짓한 정원에는 갖가지 꽃과
벤자민이 자라나고
정오의 햇빛은 사이사이를 헤집고 다니면서
생명의 신비를 맛보게 하니
영혼 깊은 곳을 건드리는 노래가 절로 나온다

평범한 사람

사람은 저마다
자기 삶의 저자다
날마다 자기 이야기를 쓴다

가장 평범한 하루가
가장 행복한 하루다

내 속에 있는 행복을
느긋한 마음으로
오늘도 속삭이고 싶다

손바닥을 들여다 보며
무한의 경지를 느끼고
매 순간 속에서
영원을 바라보며
경탄한다

빈 마음으로

내려가는 일이
영혼 깊은 곳에 울림이 되어

삶이 활기차고
신선해진다

그런 삶이
바로 나를 나 되게 한다

죽음은 삶의 질서

죽음은 엄연한 우주질서
삶과 함께 살아간다
살아있는 모든 것은
그 생을 마감한다

그것이
생명의 질서이며
삶의 신비이기도
삶에 죽음이 없다면
삶은 그 의미를 잃게 되고

죽음이 있기에
삶이 빛날 수도

잘 죽는 것이
잘 사는 것보다 어렵고

살 만큼 살다가

죽음을 맞는다면
그것은 축복이겠지

저마다 고유한
삶의 방식이 있듯이
죽음도 그 사람다운
죽음을 맞을 수 있어야

자신이 맞이해야 할
엄숙한 사실이고
엄연한 우주 질서이기 때문이다

섣달 그믐

하나님
한 해가 저뭅니다
세계적 재앙으로 참담한 해

무엇을 위하여
어떻게 살았는지

찾아갈 수도
만날 수도 없다는
가림막을 핑계로

힘없는 손을
잡아주지도 못했고
외롭고 쓸쓸한 등을
쓰담아 주지도 못하고

나 하나 집콕으로
안주하며 지냈습니다

하나님
주변의 신음소리에
귀기울이게 하소서
야윈 손을 잡아주고
뜨거운 눈물도 흘리게 하소서

누구를 대하든
주님 만난 듯이
따뜻하고 훈훈한 마음으로
살아가게 하소서

아낌과 존중이
몸에 배어
그리스도의 향기 되게 하소서

흐르는 강물처럼

새 날이
오늘도 밝았다
다시는 돌아올 수 없는 하루
모든 것은
끊임없이 흐르고 변한다
사물을 보는 눈도
때에 따라 변한다
이 세상에
정해져 있는 것은
아무 것도 없다고
그러기에
한 가지 일에만 집착할 필요도 없겠지

행복하면 행복한 대로
불행이면 불행한 대로 받아들일 뿐
순간순간
내 삶을 맑은 정신으로
지켜가야지

오늘 하루도
나에게 주어진
소중한 날이기에
지금 순간은 새로운 삶의 시작이다

두물머리에서

아우라지에서 흘러온 물이
두물머리에서 남한강과 만나서
넉넉한 품을 지닌 큰 강을 이룬다

모든 것을 포용하는 강
조용히 얼싸 안아 주는 강
수많은 물고기들의 삶의 터
폐수가 더럽혀도 얼싸 안아 준다

시냇물처럼 수다스럽지도 않고
구름을 안고 바람도 쓰다듬으며
조용하게 유유히 흘러갈 뿐이다

강은 하느님이 우리에게 주신 선물이다
어제도 그리고 내일도
유장하게 흐르는 강은 축복이다

몸살 난 지구

지구는 무기물이 아니고
살아있는 생명체다

지구는 지금
크게 앓고 있다

지구를 더럽히면서
지구의 체온을 높이고

지구에게 상처를 입히는 것은
우리 자신에게
상처를 입히는 일이다

대량생산
대량소비
대량폐기

대지는 지금 병들어 있다

대지는 지금 아파서
크게 몸을 뒤흔들고 있다

우리가 머물고 있는 대지는
소유하라는 것 아니고
모든 생명 가진 존재들과
서로 상생하며 살아야 하는데

단순하고 간소한 생활로
대지를 보살피고
평화롭게 공존해야

다음에 올 여행자들에게
물려줄 수 유일한 길이다

코로나 19는 경고

코로나19로 많은 사람이 죽었다
끔찍한 재앙은 아무도 몰랐다
스님 목사 신부 무속인 누구도…
세상을 변화시킨 코로나19
마스크를 써야 한다
폐를 공격한다
냄새도 못 맡고 설사를 하고
감각기관을 마비시킨다
사람이 숨을 못 쉬면 죽는데
코로나19는 사람에게만 걸리게
인간이 오만하기 때문일까
대량생산 대량소비 사양길에 접어들고
전쟁 다툼도 중지
환경파괴는 되돌릴 수 없는 자연의 재앙
청정지역에서 오순도순 살아가는 동식물들은
인간이 죽도록 미웠겠지!
자업자득
반성할 줄 모르면 신도 외면

코로나 19는 그동안 잊고 살아온 것을 일깨워 주려고
가정과 가족이 소중하다는 걸
사람은 평등하다는 걸
영원한 것은 없다는 것을
그래서 살아있을 때 많이 사랑하자
돈이 아무리 많으면 무엇하나
서로 도우며 나누고 협력하고 지원하며
살아가야 한다
코로나19 극복은 소중한 나에게 달려있다

고통의 어머니 지구

지구는 조물주 창조의 걸작품
지구는 무기물이 아니고
살아있는 생명체다

그런 어머니 지구가
지금 크게 앓고 있다

인간의 무책임한 결과로
녹아내리는 빙하
폭염 홍수 지진 전염병 …
생태계를 무너뜨리고 있다

피조물의 탄식 소리가
온 천지에 가득하다

지구에 상처를 입히는 것은
우리 자신에게 상처를 입히는 일이다

세상에 길들여져선 안 된다
지구를 걱정하는 작은 마음들
생명의 청지기가 되자

생명 살리는 삶으로
변화하는 것
그것만이 다음 세대를 살리는
따스한 어머니의 품을 찾는 길이다

오늘의 교회

강단에서 흘러 나오는 소리
허공을 맴도는 소리
두려움 심어주는 소리
욕망을 부추기는 소리

선교회선 바이러스 전파가 흐르고
LM선교회선 부모들 허영이 흐르고
선교회 간판에선 날달걀이 흐르고
교회 간판에선 예수의 눈물이 흐르고

교회는 예배만 드리는 곳이라고
예배는 교회에서만 드려야 한다고

교회에서만 예수 믿는 척
교회 밖에선 예수 모르는 척

교회에서 풍겨나는 악취

밤거리 붉은 네온 십자가
소돔성의 즐비한 십자가

마리아의 통곡소리가 울린다

이상한 세월

지금은 온 세상이
코로나 사태로
닫히고 막히고 어두운
세상이 되어버렸다

친구들 보고 싶은 얼굴들이
하나하나 떠오르며
당장이라도 달려가서
만나고 싶다

어느 하늘 아래에서
무슨 일을 하며
어떻게 살고 있는지
사람의 안부가 궁금해진다

보고 싶은 친구들
얼굴 하나하나를 떠올리며
그 모습을 그려본다

나이 많아
인제 볼 날도 얼마 남지 않았는데
아프지는 않은지
얼마나 더 늙었는지

이 해가 가기 전에
어서 정답게 손을 잡아 봤으면

서운했던 친구도
다정했던 친구도
모두 더 많이 사랑해 주고 싶다
간절한 마음은 기도가 된다

4부

당신이 있어
행복합니다

만남

사람이든
사물이든
풍경이든
바라보는 기쁨이 있다

너무 가까이도 아니고
너무 멀리도 아닌
알맞은 거리에서 바라보는
은은한 기쁨이 따라야

좋은 만남에는
향기로운 여운이

향기로운 여운으로
멀리 떨어져 있어도
늘 함께 공존할 수 있겠지

향기로운 여운을 지니려면

쉬지 않고 자신을 가꾸어야

흙에 씨앗을 뿌려 가꾸듯
자신의 삶을 조심조심
가꾸어 나가야

그래야
만날 때마다
새로운 향기를 주고받을 수 있지 않을까

날마다 새롭게

혼자의 공간
진종일 일없이 앉았노라니
소한 추위가 더 얼어붙는다

살아있지만 내부에선
무언가 죽어가고 있는 느낌

창 너머 흐르는 구름을 보고도
무뎌진 심정
창 너머 저녁노을 앞에서도
되돌아 볼 줄 모르는 무감각

코로나로 한 해를 소모해 버리고
세월의 잔고는 얼마나 될까
이쯤 생각에 정신이 번쩍 든다
나이가 들수록 성숙해져야 하는데
남은 세월을 잘 활용해야겠다

묵은 가지에서
새롭게 피어나는 꽃잎처럼
마음은 샘물처럼
차오를 수 있게
저만치
결승점이 아니라 출발점이 보인다

당신이 있어 행복합니다

당신과
반백 년을 동행할 수 있어 행복합니다

삶도 그리움도 생기를 잃어가며
인생의 황혼길에서 손잡고 있는 우리 둘
산과 들과 하늘을 보며 함께 동행하고
치매 3등급 언어장애로 소통은 안 돼도
눈빛으로 표정으로 믿음으로
사랑이 있어 좋아라

날마다 탄천 둘레길을 손잡고 걸으며
들국화 억새풀 수십 번 반복해도
금방 떠올리지 못해서 입술만 떨고 있는
당신이 더욱 애처롭게 사랑스러워 좋아라

그대여
오늘도 당신과 이렇게 손잡고
걸을 수 있어 행복합니다

같은 서울에서도 바쁜 생활로
늘 보고픔에 허기지고 있는 둘째
해외동포가 된 맏이는 볼 수도 만질 수도 없어
그리움만 쌓여 가는데

그래도
고독한 섬같은 곳에서 지치고 허허로울 때도
당신이 내 곁에 있어
숲속처럼 텅빈 가슴 감싸주는 듯 좋아라

슬픈 예전

장례의 날입니다
영구차가 나갑니다
함박눈이 펑펑 쏟아졌습니다

용인 평온의 숲으로
영구차는 미끄러져 들어갔습니다
말 한마디 못하고
늘 처량한 눈빛만 보내던 그이는
무서운 화구 속으로 사라졌습니다

얼마 후 우단 속의 유골함이
작은 창구 밖으로 나왔습니다
조문객 모두는 경건한 마음으로
그이에게 마지막 예의를 보냈습니다

내 생전 진액을 다 토해내듯
통곡을 했습니다
여보! 이제는 안 올게요

당신이 좋아하는 음악소리 끊임없는
그곳으로 편히 잘 가세요

용미리 아버지 어머니 묘소 앞에
이제는 우리와 영영 작별하는
당신을 내려놓으면서도
이를 악물고 울지 않았습니다

나는 도무지 당신이
아주 가시는 것 같지가 않습니다
다음 날도 다음 날도 나는
당신이 돌아오실 것만 같습니다

피아노

치매로 정신은 오락가락해도
날마다 피아노 앞에 앉아
노래를 부르며 즐기던 피아노

아들이 이민 떠나면서
아버지에게 선물한 피아노

피아노 앞에만 앉으면
가곡서부터 요들송까지
시간 가는 줄 모르던 당신

내가 어쩌다 피아노 앞에 앉으면
슬픈 소리가 들리는 듯하다

마음이 울적할 때마다
내 마음을 안아주는
피아노를 한번씩 만져본다

클래식

아침에 눈을 뜨면 흘러나오던 음악 소리
크게 틀어 놓았을 때
커다랗게 떠오르는 그 얼굴

오십여 년을 한결같이 들어오던 클래식
당신이 좋아하던 브람스의 독일레퀴엠
클라리넷 5중주는 죽은 자의 영혼을 위로해주는 곡이어서
비통하지만 신비스럽고,
신으로 통한다는 바흐의 음악을 들으면
하나님의 은총의 음성을 듣는 듯하다며
특히 바흐의 무반주 첼로 모음곡은 아름답고
슬픈 곡이라고 해설해주던 기억을 떠올려 본다

나에게는 난해한 클래식이지만
당신을 만난 듯 가슴을 두드리기도 하고 차분히 빠져들기도 하고
눈물이 흐르기도 하지만
나는 오늘도 당신 닮은 듯

이 아침에도 그리움을 마른다.

손녀의 트럼펫

숱한 사람들 틈에 끼어
큰아들네 네 식구가 이민 떠난 지도
8년이라는 세월이 흘렀다

고생의 이민 길이 뭔지도 모르고
마냥 좋아하던 어린 손녀가
이제는 어엿한 처녀티가 나는
고등학생이 되어 혼자 고국을 찾아왔다

군대 나팔수였던 할아버지 손녀로
오케스트라 트렘펫 주자가 되었단다

할아버지 마지막 가시는 날
진혼곡이라도 들려 드렸더라면…
늦게나마 할아버지 산소를 찾아
진혼곡을 연주했다

하늘나라에서 얼마나 대견하셨을까

활짝 웃으시는 모습이
커다랗게 무덤 주위를 맴돌고
용미리 골짜기를 울려 퍼지는 슬픈 메아리는
멀리멀리 퍼져 나간다

이웃 사촌

늘그막 이웃 사촌
귀한 친구가 생겼다

카톡 카톡
형님 게장 좀 드리려구요

햇반이랑 게장을 받는다
냉장고에 들어간 게장은
그 속에서 가장 귀한 존재다

돈 주고 산 무엇과는 비교가 안 되니까

밥상 위에 따끈한 햇반을 올리고
게장을 올린다

게장을 먹는다
사랑을 먹는다
맛있는 정성을 먹는다

카드 한 장

카드를 한 장 받았다
몇 십년 동안 한결같은
크리스마스 카드

그런데
왠지 가슴이 뭉클
눈물이 주르르

해마다
이맘때만 되면
알록달록한 카도로
벽면을 도배하듯
저마다 정감이 물씬 풍기는
한 해의 마무리 선물

그러나
올해는 사정이 다르지 않나
닫히고 단절되고

어둡고 힘든 절박한 세상
산고를 치르는데
아기를 못 낳는 세상

그래도
어둠에 유폐되지 않은 사람
생기를 주는 이슬 같은 사람
메마른 땅 지쳐 걷는데
한 모금의 물을 전한 사람

그대같은 사람 있어
사막은 외롭지 않다

고향의 느티나무

타향살이는 고향을 그립게 만든다
고향은 포근함과 편안함을 준다
마을 어귀 느티나무
마을 사람들의 쉼터며 삶의 마당이다
아버지의 아버지가 살던 마을
아들과 아들로 이어지는
그리움에 가득찬 정이 어린 마을
사람과 사람
이웃끼리 마음으로 만들어진 마을
물론 안타까움이나 애증이 있기도 하지만
긴 세월 무심히 흘러가고
아늑한 뒷동산의 숨결 속에서
지금도 마음을 울린다

소한 추위

대한이 소한집에 놀러 갔다
얼어 죽었다는 옛말이 있듯이

금년 소한 추위는
이십년만에 처음이라 했다

영하 이십도를 오르내리고
낮에도 영하 십도를 오르내렸다

아파트에 고드름이 매달리고
물탱크가 터지고 하수관이 역류하고

폭설까지 덮쳐 길도 차들도 얼어 붙었다
사람들 마음도 얼어 붙었다

한차례 추위가 뼈에 사무치지 않으면
코를 찌를 매화 향기 어찌 얻으랴

무애의 차원

이마에 주름살 진
시골 아저씨 풍의
호떡같이 둥그스름한 얼굴

달랑 분필 두 개
그것이 양주동 교수님의
유일한 교재

뒷자리 빽빽이 도강생들까지
꼼짝 긴장 웃음
칠판은 하얗게 빈틈없고
앞줄 내 얼굴에는
침방울이 연신 튀고

자칭 국보 1호라는
무애 양주동 교수님

우리나라 향가를 비롯

고가연구
조선의 맥박
구구절절 흐르는
애국심은
과연 국문학계의 거성이셨다

정평있는 고전을 읽고
생동하는 새로운 세대를
역설하셨던 양주동 교수님

인생의 의미를 강조하셨던
유머와 위트
그 말씀에 다가서지 못했음을 후회하며
한없이 그리워집니다

세월호의 영웅

2014년 4월 16일
세월호가 가라앉았다

수학여행 길의
꽃같은 어린 학생들과
수많은 목숨을 잃었다

온 국민은 부모의 마음으로
가슴 아파하는
애통의 노란 리본을 달았다

황금만능의 안전불감증
선장의 윤리 실종
관련 당국의 감독소홀
공직부패와 정경유착
공동체 윤리의 부재
비정상의 부조리가 원인이다

처절한 분노와
슬픔의 부력이
우리 사회의 많은 문제를
물위로 띄워 올린 사건이다

그래도
자신을 희생하여
친구와 동료
제자들을 구하고

차디찬 맹골수 해저에서
삶을 마감해야 했던
숭고한 우리 시대의
영웅들의 넓은 품이
세월호 아이들 엄마의
따뜻한 온기가 되었다

오래된 영화

빠삐용은 살인혐의로 수감된다
실제로는 살인을 하지 않았다
무인도의 고도에서
감옥을 탈출하려고
여러 번 시도한다

굶김을 당하고 혼수상태로
재판을 받을 때마다
나는 살인을 안 했다고
나는 억울하다고

어느 날
재판관은
너는 인생을 낭비한 죄다
판결을 내린다

자기에게 주어진
소중한 시간과 능력을

무가치한 일에 낭비한 죄는
빠삐용에게만 해당되는
진리가 아닌 듯하다

나에게 주어진
시간과 능력을
나는 얼마나 가치있게
오늘을 살고 있는지

세상을 살아가면서
이웃의 은혜로 이만큼 왔는데
자신의 진 빚을
얼마나 갚아가고 있는지

이제는 남을 위해
살아갈 여유를 찾아야 할 때다

다시 이 날에
―교회 창립 1주년 기념식

가락동
농수산물 도매시장 돔에는
농민들의 한숨이 걸려 있고

돔을 마주하는
지붕 꼭대기에다
우리는 개척교회 마당을 열었지

농부들은
피땀 흘려 농사짓고
분통이 터져 갈아엎다가도
목구멍이 포도청이라
한숨으로 새벽을 쪼개고

우리는
이년 전 예닐곱 사람이
달랑 두 손만 가지고

주님께 매달렸지

지천으로 널려있는
십자가 홍수 속에
더하기보다는
빼기를 먼저 배우기로 했지

가로 세로
군살 빼고 기름 빼고
앙상한 뼈다귀로
얼기설기 십자가를 엮어가기로 했지

오늘도 가락동에는
트럭 가득 싣고 와 부리지만
때묻은 쌈지에는
시름만 구겨 넣고

무쪼가리

짓이겨진 양파
누렇게 뜬 무청
반동가리 참외
시커멓게 탄 그네들

그네들의 한숨 위로
우리는
나무 십자가를 세웠지

아름다움

아름다운 것은
애잔한 것

홀씨 날려 보낸 꽃대
새끼들 날아간 빈 둥지
어미새의 고독
쓰러진 나무
장엄한 생명의 흐름

메달 못 딴 선수
자기 한계 이겨내는
바라는 것 못 이뤄도
자기와의 싸움에서 이긴 사람

승자의 들린 손 인정하는
패자의 지친 모습

주름진 얼굴

세월을 이겨낸 훈장

고난과 어려움 이겨내며
끝까지 자기 길을 가는 사람

수고하고 무거운 짐
내려놓고
눈물 쉬지 않고 흘리는 사람

푸른 5월

청자 빛 하늘이
먼 산 신록 위에 그린 듯이 곱고

엄마 손에 이끌려 재잘대는
모녀의 뒷모습에
첫여름이 흐른다

라일락 나무 곁에
내 젊은 꿈이 향기로 배어있는 오후
웬일로 쓸쓸하고 외롭구나

밀물처럼 가슴속 밀려오는
고독하고 허전한 마음을
어찌할 수 없어
눈은 먼 하늘을 본다

비탈진 오르막길을 걸으며
생각은 어느덧 향수에 젖는다

풀 냄새가 내 코를 스치고
잃어버린 날이 그립구나. 나의 사람아!

아름다운 노래라도 부르자
아니 서러운 노래를 부르자
오월의 창공이여
나의 사랑이여

5부

내 삶은
하나님이 지으신
한편의 시

죽을 고비를
세 번이나 넘기며

나는 태어나면서부터 아주 약골이었는데 게다가 밤낮 어찌나 울어 대던지 하도 성가시어 죽을 테면 죽으라고 이불을 덮어 윗 묵으로 밀어 놨는데도 죽지 않고 살아난 것이 첫 번째이고 그 뒤로 홍역을 어찌나 심하게 앓았던지 거의 회생 가망이 없어 부모님이 각오를 하셨다는데 나보다 조금 덜 했던 2살 밑의 남동생을 뜻하지 않게 잃어버리고 나는 기적적으로 살아난 것이 그 두번째이다.

바짝 마르고 약한 나는 6학년 때 6·25 한국전쟁을 맞고 인천 주안에서 8일 동안 걸어 충남 조치원읍에서 4km 떨어진 연기군 서면 고향집에 도착했다. 워낙에 약한 나로서는 너무 힘든 피난길이어서 고향 집에 도착하자 장티푸스로 앓아눕고 말았다.

몸이 너무 부어 눈을 뜰 수가 없었다. 사변 중 병원도 의원도 없는 시골집에서 뽕나무 뿌리 줄기 잎 삶은 물만 마시고 낫기를 기다려도 가망이 없자 밤낮 울며 안타까워하시던 어머니가 동네 사람 얘기를 듣고 삼십 리 길을 달려가 사정을

해 침술 의원을 모시고 왔다. 머리가 하얀 할아버지가 기다란 침으로 복부 중앙에 침 한 대를 놓았는데 그것이 정통으로 맞았는지 새까만 피가 한 종지는 흘러나온 뒤 차츰 부기가 빠지기 시작했다.

　아침이면 동네 사람들이 종희 안 죽었느냐고 문안하던 사람들을 놀라게 했다. 3개월을 누워서 미음만 몇 숟가락 받아먹던 절망적인 상황에서 하나님이 나를 살려주신 것이 세 번째이다.

학교에 가고 싶어

겨우 살아난 나는 아버지 등에 업혀 조치원 대동초등학교 6학년에 편입을 했다. 6·25 전쟁 때 교사가 폭격 당하여 가건물에 가마니를 깔고 공부를 하였다. 나는 뼈만 남은 데다 중병을 앓았기 때문에 머리털은 다 빠지고 게다가 여름내내 학질을 앓아 여름인데도 추워서 담요를 두루고 앉아 있었다. 그래서 아이들은 내 옆에는 앉으려고 하지 않아 내가 앉은 사방은 휑하니 비어있곤 하였다.

6학년 여름 내내 10리가 넘는 길을 아버지 어머니가 교대로 업어서 학교생활을 같이 하신 셈이다. 나 같으면 엄두도 못 낼 일을 내 부모님은 이겨내신 것이다.

불우한 환경의 극복

나는 중·고등학교 시절 성장기에 학교에 도시락을 가지고 간 적이 없다. 점심을 먹을 형편이 못 되어 언제나 굶었다. 나는 점심시간만 되면 언제나 나만이 혼자 할 수 있는 아지트가 있었다. 조치원 여고 운동장 가에는 아름드리 백양나무가 많았고 그 뒤쪽 끝에는 갈대에 가려진 작은 연못이 있었는데 나는 그곳에 앉아 혼자 사색하는 시간을 즐겼다.

예수를 열심히 믿으면서도 항상 니체나 쇼펜하우어 책을 즐겨 읽었던 것은 아마 그런 환경 탓이었는지도 모른다.

그 무렵 공립학교인 조치원 여고에 조치원 YWCA 안에 Y-Teen이 조직되었고 우연찮게 내가 초대 회장이 되었다. 고등학교 2학년 여름방학 때 전국 Y-Teen 대회가 서울에서 열렸다. 그 대회에 회장, 부회장을 학교 경비로 보내는 행운을 얻게 되었다. 그때 부회장인 K와는 그 일을 계기로 가까운 사이가 됐고 지금도 멀리 떨어져 살고 있지만 마음이 잘 통하는 좋은 친구이다.

지방에서 상경한 학생들은 서울 학생들 집에서 민박했는데 나는 정신여고 학생 집인 회현동의 부잣집에서 유숙했는데 그 때 받은 문화적인 충격은 오래도록 나를 혼란스럽게 했다.

 고등학교 3학년 때는 YWCA 총회가 있어 지역 학생 대표로 참석했는데 당시 YWCA 회장인 박 마리아의 안내로 Y-Teen 학생들이 경무대로 이승만 대통령을 만나러 갔다. 경무대 잔디밭에서 대통령 할아버지랑 대화도 하고 즐거운 한때를 가졌던 일들이 주마등처럼 스쳐간다.

눈물로 삼킨 빵

 가정 형편이 어려워 대학 진학을 포기해야만 하는 나에게 도움이 필요하면 언제든지 연락하라는 박 마리아의 약속을 받고 작은 희망도 가졌다.
 졸업식날 나는 두루마리 답사를 읽으며 내 설움에 젖어 눈물로 읽어내려가니 졸업식장은 울음바다가 되었다. 나중에 들은 얘기지만 조치원 읍장, 경찰서장 할 것 없이 모두 눈물을 흘리지 않은 사람이 없었단다.
 졸업 후 한숨으로 애태우고 있을 때 박 마리아는 비서를 시켜서 서울에 오면 자기를 찾아오라는 편지를 보내왔다. 막연히 그냥 찾아갈 수도 없고 하여 안타까워하고 있는데 어느 날 밤에 고3 담임이셨던 K 선생님이 자전거를 타고 찾아오셨다. S사대 무시험으로 합격됐으니 어떻게든 차비를 마련해 학교를 찾아가라는 요지의 말씀이셨다.
 나는 그날 밤을 뜬눈으로 지새우고 겨우 여비를 마련하여 친척 오빠네 신세를 질 요량으로 서울로 올라왔다.
 우선 박 마리아의 도움을 받아보려고 이대 부총장실로 찾아갔다. 비서실에서 부재중이라 하여 다음날 다시 찾아갔다.

또 면담을 거절당하고 서대문 적십자 병원 옆 자택으로 찾아
갔다. 경비실에 앉아 있는 젊은 경비 두 사람은 아래위로 나
를 훑어보며 왜 왔냐, 어디서 왔냐, 꼬치꼬치 캐묻고는 부재
중이라며 초라한 시골 학생을 떠밀어 버렸다.

이상한 눈초리로 하대하는 모습에서 모멸감을 느낀 나는
뒤돌아서 혀를 깨물었다. 피가 가득 입안에 고였다. 다시는
찾지 않으리라.

내 힘으로 일어서리라.

학교는 낮 시간을 어떻게든 이용해 볼 요량으로 야간으로
해 놓고 당분간 친척 오빠 집 신세를 지기로 했다. 오빠네도
어려운 처지로 방 한 칸에 네 식구가 살고 있어 마루에서 지내
는 딱한 처자를 보고 언니 친구분이 작은 방을 그냥 주어 그때
부터 자취를 했다.

돈이 없으니 대영 빵 한 개를 한 끼에 다 먹지 못하고 반으
로 갈라 두 끼에 나눠 먹었다. 아무리 양이 적은 사람이라도
한 끼에 3개를 먹어도 모자랄 것을…. 그렇게 먹고 전차표를
아끼느라고 공덕동에서 걸어서 만리동 고개로 염천교를 건너
퇴계로에 있는 S사대까지 걸어서 다니는 일은 여간 힘든 일이
아니었다. 더구나 제대로 먹지도 못하고 굶다시피 한 상태에
서는 사력을 다하는 나와의 싸움이었다.

제일 먹고 싶었던 것이 만리동 고개를 걷다보면 길가에 사
과 궤짝을 옆으로 뉘어 놓고 그 위에 어른 손가락 굵기만 한

고구마 이삭을 쪄서 무더기로 놓고 파는 앞을 지나려면 그것이 그렇게도 먹고 싶어 눈물이 핑 돌 지경이었다.

　공부를 마치고 밤에 돌아와서 자리에 누우면 온통 먹고 싶은 것들을 천정 가득 그림으로 그리다 도저히 배가 고파 잠이 안 오면 나가서 수돗물을 벌컥벌컥 들이키고는 잠을 청하곤 하였다. 설움 중에 배고픈 설움보다 더 큰 설움이 또 있을까.

삶의 희망

교회는 고향 교회 L목사님이 추천해 주신 체부동 교회로 작정하고 공덕동에서 효자동까지 걸어서 다녔다. 채부동 교회에선 주일학교 교사를 맡고서 어린이들을 열심히 가르쳤다.

그때 교인 중에 덕수초등학교 교사인 C 선생을 알게 됐다. 나의 사정을 알고 자기가 담임을 하고 있는 학생 집에 가정교사로 소개를 해줬다. 영락교회 집사님 가정으로 평양에서 피난 내려와 남대문 시장에서 모사 도매를 하는 부잣집이었다. 나는 그 댁에 가정교사로 들어갔다.

하나님께 감사한 일은 누가 돌봐주는 이가 없어서 공부를 못 하고 밑바닥에서 헤매던 산만한 4학년 맏딸 H가 차츰 성적이 오르기 시작하더니 우등 자리를 계속 유지하게 된 사실이다. 그 당시 덕수초등학교는 광화문 중심에 자리하고 부잣집 아이들이 다니는 치맛바람의 광풍이 불던 대표적인 학교였다.

그 일은 큰 사건이 되었다. 그 당시 덕수초등학교에는 매일 복도에 자모들이 장사진을 치고 수업받는 자녀들을 예의 관

찰하는 등 극성이었는데 형편없던 아이가 일약 뜨기 시작하니 그 가정교사가 어떻게 생긴 사람이냐고 동물원의 원숭이 구경하듯이 나를 훑어보고 야단법석들이었다.

자기 아이를 30분씩만 가르쳐 달라고, 국어만 가르쳐 달라고 연신 학교만 가면 성화들이었다.

그 뒤로 주인댁의 배려로 오빠도 그 회사에 취직하였다. 또 영락교회로 옮길 것을 권유하여 영락교회 중등부 교사 일을 4년이나 하며 열심히 봉사했다. 주인댁에서 새벽마다 드리는 가정예배를 인도하게 된 일도 하나님의 크신 은총이었다.

유달리
생명에 애착하는 시인이다.
시인은 봄, 생명, 부활, 기지개, 꿈을 노래한다.
모든 시에 걸쳐 흐르는 시어의 반복과 변주는
그의 태생적 아우라를 보여준다.
복제할 수 없는 원초적인 아우라는
찬바람을 뚫고 피어나는
미물에도 마음을 보낸다.
- 〈시의 마당에 피어난 꽃들〉 중

시의 마당에 피어난 꽃들

이철호(소설가, 새한국문학회 이사장)

시란 무엇일까. 말로 다 할 수 없는 것을 적은 것이 시(詩)라고 한다. 언어의 한계를 뛰어넘는 그 어떤 그림이 시다. 단순히 사용하는 언어나 문자를 넘어 그 어떤 규범체계 그 이상의 시스템이 시이다. 평소에 쓰는 언어는 소통하는데 있어서 이로운 점이 많지만 언어의 한계에 이르는 상황에 처했을 때 마주치는 그 어떤 불편함과 불만족스러운 감정이 시를 쓰게 한다.

수많은 사랑이라는 이름이 있지만 부부간의 사랑처럼 독보적인 사랑이 또 있을까. 너무 당연한 관계이기에 평가절하되기 쉬운 그 관계는 부모나 자식과의 관계와는 또 다른 서정과 서사를 터트린다. 응결된 시어와 함축된 감정을 최대한 절제하며 이를 악물었지만 끝내 통곡하고야 말았단다. 그것도 생전의 진액을 다 토해내듯…

부부지정은 가슴에 묻을 수 있는 것이 아니다. "… 나는 도무지 당신이 아주 가시는 것 같지가 않습니다, 다음 날도 다음 날도 나는 당신이 돌아오실 것만 같습니다"로 맺는 작품은 부부란 무엇인가에 대해 들춰보게 한다.

시인 박상률은 '흔한 것은 귀한 것이 아니듯 가까이 있는 것은 그리움이 아니다'고 썼다. 역설과 역설의 실타래처럼 얽어 쓴 이 대목은 그리움의 극치를 형용했다. 살과 피를 맞대고 살다가 먼저 갈 수밖에 없는 운명의 장난 앞에 '닿지 않을 듯한 거리를 두고 이름을 이름을 노래로 부를 때 그리움은 더하는 것….' 그리움으로 남아 뿌리에서 가장 먼 자리에 꽃 되어 피어오른다. 그런가 보다. 멀리 떠나는 남편을 그리움으로 남겨두기 위해 멀리 더 멀리, 떠나보내는가보다. 시인의 마음을 조금 알 것 같다.

시를 써서 시인이 되는 것이라기보다는 이미 시인이어서 시를 쓰는 것이다. 세상에 알려진 차원의 시와 시인의 개념을 넘어 삶 자체가 시적이고 시인은 견디고 견뎌내어 이제는 마지막 혼신 다해 가시나무새의 외마디 비명으로 시를 짓는다. 그러한 시와 시인은 타인의 인정이나 관심에는 무심하다. 오직 자기 자신과 시의 관계 속에서만 바라보며 서로 떼어낼 수 없는 존재만을 생각하고 낱낱이 보여준다. 진정한 의미의 시인은 제도적인 시인보다 자신의 삶이라는 독

립적 우주만을 추구한다. 주관적이고 감각적인 개인기를 살려 생동감 넘치는 활어(活語)를 구사하게 된다. 언어의 한계를 넘어 언어도단(言語道斷)의 성지가 터져 나와 도저히 막을 수 없는 지경에 처했을 때 시인이 등단한다. 누구나 그렇듯 시를 보면 알게 된다. 시는 공명의 악기처럼 가슴과 가슴을 이어주기 때문이다.

시를 쓴다는 것은 무엇을 의미하는 것일까. 시를 쓰기는커녕 무엇인가 행하고 떠들고 노니는 삶을 원하는 게 상식적이고 보통의 삶이다. 시를 써야 할 일이 있다는 것은 아픔이 있다는 것이다. 굴곡과 상처, 사연은 아픔을 동반한다. 아픔은 감당하기엔 너무도 쓰디쓴 트라우마의 밤을 지나고 깊은 강을 건너는 악몽을 꾸게 한다. 입이 있어도 표현할 길 없고 한 치 앞을 들을 수 없는 마음이 시인이 되게 한다.

한데 있어도
자기다운 꽃을 피우고 있다

어린 호접은 호접답게 피고
연산홍은 연산홍답게 피고
위세를 자랑하는 베리오다도

서로가 서로에게 닮으려 하지 않고

자기만의 독특한 꽃빛깔로
은은한 향기로

꾸미려 하지 않는
그 모습의 특성이
그 꽃이 지닌
정말 아름다움이다
-〈꽃처럼〉 중에서-

라이너 마리아 릴케는 '시를 쓰지 않고도 살아갈 수 있다면 시인이 되지 않을 충분한 이유가 된다'고 했다. 시를 쓰지 않고 사는 것은 행운이고 축복이다. 한마디로 행복이다. 그 시인의 등극은 개인의 자존감이자 존엄성을 표상한다. 그만큼 뼈를 깎는 일이 시를 쓰는 과정이다. 그렇다. 시는 삶이고 그 삶은 아픈 과정이고 시를 쓴다는 것은 자신을 다듬는 여정이다. 상투적으로 바라보는 시인과 시와 다른 또 다른 차원을 일컫는다. 타인의 시선이나 인정, 수상과는 하등 관계가 없다. '자기다운 꽃'으로 드러낸 시적 화자는 자신을 대견하게 관조한다. 얼마나 아팠을까. 자기만의 꽃이 꾸미려 하지 않고 연산홍이 연산홍답고 베리오다가 베리오다운 그만의 빛깔로 남기 위해서. 아름다운 꽃밭의 향연은 거저 이루어지지 않는다.

꽃을 투영하여 자신의 철학과 신앙을 이보다 더 중층적으로 쌓을 수는 없다. 시는 작가의 거울이고 자화상이다. 언어를 통해 구축하는 문학으로써의 시는 언어의 형상화로 창안되어 소통의 도구가 된다. 시를 보며 보통 일상의 다른 것보다 훨씬 더 섬세한 소통을 하고자 시를 쓰는 것이다.

각각의 시를 보면 모두 처음은 '시인이 시를 쓰고/ 시가 시를 쓰고/ 시가 시인을 쓰는' 공통점이 있다. 시(詩)마다 기승전결의 흐름을 타고 악곡의 대단원과 자성(自省)으로 갈무리하는 일관성의 원인은, 작가의 기독교적 신앙에서 우러나오는 희생과 사랑에 있다고 보여진다.

'승화'는 시인의 작품을 일관되게 관통하는 거대한 기둥이다. 세월도, 죽음도, 추억, 계절과 자연의 색감. 덧없이 흐르는 시간 속에 못다 한 삶의 이야기를 탐구 성찰 실험 등의 과정(process)이 누에 입에서 실이 나오는 것과 같다. 단순히 글자를 소비하는 것과는 다르고 일상의 것과 다르게 깊이 있고 무거운 것이 시다. 겉보기와 달리 시가 시를 쓸 때까지는 시인도 모른다. 시가 시인을 깎는 단계에 이르러 타인이 흉내내기 불가능한 경지에 이른다. 시는 모방할 수 있어도 삶은 모방하지 못하는 것처럼 삶이 시가 되는 시인의 경지는 시로 드러내고 나서야 인지 부조화를 떨쳐내고 카타

르시스를 경험한다. 감동 없인 연주할 수 없는 지휘자가 되어 뼈를 깎는 과정을 거쳐 변주되는 악장 하나하나를 넘기기가 한평생이다. 비로소 삶 전체를 승화시켜내는 반전의 역사를 거쳐 진정한 시인으로 거듭나는 것이다.

> 나는 나이 먹어가는 나를 사랑한다
> 약하디 약한 나를 끊임없이 격려한다
> 무릎이 아파 쓰다듬으며 위로한다
>
> 나는 내가 그냥 좋다
> 나는 내가 가장 무섭기도 하고
> 늘 마음을 다독이기도 한다
> 그리고 칭찬도 아끼지 않는다
> …
> 그런 내가 참 좋다
> 이대로 누구와도 함께, 더불어가
> 나의 꿈이기 때문이다
> -〈내가 너를〉 중에서-

시에서 '너'는 다른 이름의 같은 '나'다. 보통 나이를 먹고 성장하며 각각 발달이라는 과정을 겪게 된다. 초기의 순수하고 때 묻지 않은 곳을 지나며 한두 가지만 알면서 그것이 전부인 줄 아는 시기도 겪어낸다. 그러면서 어디 취직하거나 전공이라도 하면 또 어떤가. 세상 전부를 아는 척하지만 무엇 하나 제대로 알지 못하는 시기 또한 인생이었다. 지성보다 감각이나 직관이 앞섰던 젊음은 나이에 장사 없다고, 하나하나 보내고 나서 삶을 체계적으로 정리할 수 있는 세월의 흔적만 남은 십자가의 상흔을 정신과 영혼에 담아 이제는 추상적인 언어 기호로 활용하여 시구를 짓는다.

나이 먹는 걸 죄라도 짓듯 한탄하는 부정적 인식도 시를 통해 반전시키는 시인은 참 위대하다. '누구와도 함께 더불어가 나의 꿈'은 젊음의 혼란 속에 찾아보기 힘든 '나이'의 위력이라는 것을 은근하게 암시하면서 삶의 전부를 통찰할 수 있고 여기저기 아프면서도 서두르거나 초조함이 없는 일상의 평온함을 감사함으로 받아들인다.

'아픈 만큼 성숙한다'는 것일까.

시간여행을 따라 자유자재 시를 쓰는 작업도 성장통을 이겨낸 자의 특권인가보다. 삶의 단면을 드러낸 작은 시 한 편에는 시절의 고비마다 박힌 추억이 있다. 깨끗한 시작을 알리던 어린 나이엔 지적인 순수함이 묻어나던 시기가 있다. 그것을 '꿈'이라 칠해 놓았고 아직 그 꿈을 실현 중에 있다고 선언하며 오늘의 '싸움과 소홀함 없는 삶을 다짐해' 놓는다니.

살아 숨 쉬는 그 중요한 꿈의 언저리를 바라보며 시인의 꿈을 생각하며 제삼자의 발자국 소리에 신경을 곤추세우는 이유는 행여 깨지 않을까 조심스러운 배려 같은 마음이 있기 때문이다. 순수한 영혼은 시의 원료이자 재료인데 자꾸만 인공감미료 같은 세상의 텃새나 훈수가 가미되면 시 본연의 맛은 사라지기 때문이다. 그만큼 일필휘지 같은 시가 때를 만난 듯 터져 나와도 그것은 회임(잉태)한 기간이 길었을 뿐 승화시켜 반전된 면을 보기 때문이다.

〈나는 너를〉은 '나'라는 '너'와 '너'라는 '나'의 댓구를 주고받는 여유와 멋을 시인의 삶 전체 속에 배역으로 세워놓고 위로하고 다독거리며 새로운 꿈도 제시하고 있다. 시인, 참 대단하지 않은가.

넓은 마당에서
당당한 인간으로
힘껏 뛸 수는 없는가

꽃을 피우고
열매 맺는 일은
지금 넓은 마당에서

나만의 재량으로
얼마나 뛰고 있느냐
그것이 나의 마당이겠지.
 -〈나의 마당〉 중에서-

시인이 일상을 사는 동안은 불편함의 연속일 것이다. 외로움을 쫓는 것이 운명이라며 애써 다독여도 시원찮고 마땅치 않았을 것이다. 그렇다고 소통이 없다면 무슨 소용이 있을까. 나와 너를 분리해 놓은 이유가 여기에 있을 것이다. 또 다른 나와, 지금 여기의 내가 만나 서로가 서로의 독자가 된다는 것은 시인의 조물주적 영역이 된다. 대중보다 빠르고 철학적 논증이나 과학적 팩트보다 빠른 감각을 지녀 갈고 닦아온 삶이 있는 것이다.

시의 자아이자 화자(話者)의 넓은 마당은 어디쯤일까. 앞서 릴케의 말을 해석해 본다면 시는 쓰는 것이라기보다 시는 '쓰여지는' 것이 보다 정확한 표현이다. 쓰지 않으면 안 되는 절실한 개인적이고 주관적인 발원을 거쳐 이슬처럼 응결되고 간결하게 나온다. 가방끈이나 학벌, 지위고하는 하등의 연관성이 없다. 시를 쓰는 사람이 슬럼프를 겪는다면 그것은 그 사람의 언어능력에 슬럼프가 온 것이 아니라 그 사람의 마음에 슬럼프가 왔다고 보면 될 정도이다. 〈나의 마당〉은 '그러한 마음'을 다듬고 삼가고 가꾸면서 쓴 시다. 다시금 "시는 삶에서 나와 삶으로 들어가"는 것이다. 섬세한 공명을 하다 보면 그 진심이 통하고 그 마음을 이해하여 그 삶을 인정하면 그것이 진정한 독자가 된다. 그 독자는 당장 무엇인가 하지 않고는 배겨내지 못하게 될 것 같다.

〈나의 마당〉을 보면서 다시금 '시인이라는 자리는 누군가 대중의 인정을 통해 이루어질 수 있는 자리가 아니라 스스로가 만들어나가고 스스로가 지속해야 하는 삶의 방식'이라는 사실을 알게 된다.

작품성과 대중성은 엄밀히 말해 많이 닮지 않았다. 모두를 만족시키는 예술과 문학은 '상품'이어서 대중의 입맛에 따라 부침이 심하다는 사실을. 오롯이 나만의 마당 한켠이 이보다 더 소중할 수가 또 있을까.

오늘 하루도
나에게 주어진 길을 걷는다
걷다보면
오르막 길도 있고
내리막 길도 있다

나는 오늘도 오르막 길에 들어선다

오르막 길은 어렵고 힘들지만
조금만 더 참고 오르면
새로운 세상이 보인다

평화스런 마을도 보이고
그늘도 보이고 전망 좋은 곳도 보이고
하늘이 더 넓고 환해 보인다.

-〈내가 택한 길〉 중에서-

고독한 단독자로서의 시인이 걸어온 길을 보여주는 작품 〈내가 택한 길〉은 전술한 바와 같이 예술가로서의 문학인을 배태시킨 여정을 보여준다. 휩쓸리지 않고 참고 견뎌낸 생활인의 모습도 보이고 여전히 희생의 노력이 보이는 그림을 보여준다. 시적 화자가 볼 수 있는 것은 승선한 선장실의 제한적인 정경일 뿐이지만 그나마 오르고 또 오르면 점차 넓은 전망을 보기도 한다.

시인에게 '길'은 참으로 많은 것을 보여주고 암시한다. 길을 따라가면 협소한 장면도 보이고 자아의 에고도 본다. 한계상황에서부터 희망과 꿈을 예시하는 것 또한 그의 길이다. 짧고 간결한 길이지만 참으로 많은 배경과 스토리를 담아낸 길이다. 그가 택한 길이다.

봄은 얼어붙고 불에 타고 부서진
그런 곳에서 온다
봄은 차가운 파도 속에서

찬바람을 뚫고 피어오른다
땅에 서리가 녹기 시작하면
사람도 녹기 시작한다

뭉클한 대자연의 숨결 속에서
봄은 마음을 울린다
 -〈생명의 봄〉 중에서-

 홍종희 님은 유달리 생명에 애착하는 시인이다. 시인은 봄, 생명, 부활, 기지개, 꿈을 노래한다. 모든 시에 걸쳐 흐르는 시어의 반복과 변주는 그의 태생적 아우라를 보여준다. 복제할 수 없는 원초적인 아우라는 찬바람을 뚫고 피어나는 미물에도 마음을 보내준다. 그 하나하나에 인성, 휴머니즘을 담지(擔持)해 내는 능력이 시인의 기예이다. 유독 삼동(三冬)을 견뎌낸 생물이 살갑고 반가운 것은 혹독한 현실을 건너온 사람의 일생과 그 감격의 맥을 같이 한다. 여행을 해봐도 그것이 보이고 잠을 자도 꿈으로 보여주는 '뭉클한 대자연의 숨결 속'은 봄을 의인화 한 시인의 가슴과 욕구이다. 시인은 자연과 우주를 가꾸고 양육하는 유전자를 지닌 존재인가 보다.
 살다 보면 무미건조한 게 대부분인데, 봄에 얼굴을 들고 뾰족뾰족 쳐드는 존재들의 사계(四季)를 우리네 인생으로 오버랩시켜 형상화하면, 자칫 엄숙해질 수밖에 없는 시간들은 다시 율동하고 춤을 추는 환타지가 되는 마술이 시인의 손맛이기에 그렇다.
 그 손맛 때문에 진지했던 시간을 유쾌하게 보낼 수 있지 않을까. 시인의 상상력은 우리 주변에 있는 것들과 더 사이 좋게 지낼 수 있게 도와주는 힘이 될 것 같다.

당신과
반백년을 동행할 수 있어 행복합니다

삶도 그리움도 생기를 잃어가며
인생의 황혼길에서 손잡고 있는 우리 둘
산과 들과 하늘을 보며 함께 동행하고
치매 3등급 언어장애로 소통은 안 돼도
눈빛으로 표정으로 믿음으로
사랑이 있어 좋아라

날마다 탄천 둘레길을 손잡고 걸으며
들국화 억새풀 수십 번 반복해도
금방 떠올리지 못해서 입술만 떨고 있는
당신이 더욱 애처롭게 사랑스러워 좋아라

그대여
오늘도 당신과 이렇게 손잡고
걸을 수 있어 행복합니다.
-〈당신이 있어 행복합니다〉 중에서-

눈빛만으로도, 표정만으로도, 믿음으로 믿음으로, 잉카네이션(Incarnation)-신이 사람의 모습으로 현현하는 순간이자 육체를 가진 존재로 나타나 지상에 그 자취를 남기듯 바위에 새긴 약속을 어찌 소중하게 다루지 않을 수 있을까.
 신을 믿는 자는 자신을 믿는다. 그가 그랬든 똑같이 육화된 제자의 도를 현실에 투영하여 그 길을 좇아 가는 이는 아무리 작은 마음이라도 정성스럽지 않을까? 안 그래도 아쉬운 게 인생이라 한 백 년을 꿈꾸다가도 반 백년이나마 감사함으로 지긋이 바라보는 마음도 시인의 육화된 사랑이다.
 시인은 늘 감사함 속에 세상을 품고 앞으로 남은 삶도 시적 스텐스를 다시 삶 속에 접목시킬 것 같다.

피아노 앞에만 앉으면
가곡서부터 요들송까지
시간 가는 줄 모르던 당신

내가 어쩌다 피아노 앞에 앉으면
슬픈 소리가 들리는 듯하다

마음이 울적할 때마다
내 마음을 안아주는
피아노를 한번씩 만져본다.
-〈피아노〉 중에서-

 산다는 것은 어린아이가 되어가는 것이다. 어린이는 모래

성을 쌓는다. 시간이 지나 어둠이 밀려와도 모른다. 걱정 많은 이는 어른들뿐. 허물고 또 쌓고, 삐뚤어지면 다시 짓기를 반복하면서도 얼굴은 동요하는 모습이 없다.

현실을 '다르게 바라보기'가 시인의 영역이라면 세상에 하지 못할 일이 없다. '상상하기'가 시인의 주특기라면 그 어떤 픽션 작가보다 왜곡된 현실의 진실을 일깨워주기에 충분하다.

니체는 짜라투스트라에서 인간의 삶을 세 가지로 이야기 하였다. 첫째는 낙타의 삶이고 둘째는 사자 셋째는 어린아이의 삶이다. 삶에서 시가 나오고 시는 다시 삶속으로 가야 하듯 어린이는 다시 어린이로 회귀한다. 초인에서 초인으로 가는 것은 당연한 귀결인데 굳이 치매니 건망증으로 낙인을 찍는다. 단기 기억상실이니 장기 기억 상실이니 인지 부조화 등은 산업화의 과정이 사람에게 침투한 현상 그 이하도 이상도 아니다.

'늙어가는 것이 아니라 익어가는 것'이라는 어떤 시인의 심미안처럼, 익다 보면 더 익어버려서 알아보지 못하지만, 가까이 있어 보기만 해도 만족한다는 것도 그에게 전하지 못한 편지가 되어, 그가 앉아서 연주하던 피아노 곁에 써 보낸다. 멀리 있어야 그리움이 돈독해진다지만 그리움이 사무쳐도 산 사람이 진 짐의 무게가 너무 무거워 감당하기 어려운 법이다.

시인의 作風과 그 여운은 보는 이의 시야에 잔잔하면서도 오래 머문다. 시청각의 공감각과 오감 육감을 넘어 다차원적 이동을 유도하고 소환시켜내는 매력이 있다.

아무리 훌륭한 피아노와 음악이 있어도 함께 연주하고 감상했던 이가 없다면 그것들은 이미 세상에 없었다는 것과 다를 바 없다. '혼자만의 경험'이라는 것의 그 허무함과 덧없음처럼 시인의 마음에 사상누각처럼 의미 없는 것도 없을 것이다. 살아가야 할 날들의 기약 없는 미래를 가늠하기엔 지금까지 함께 보냈던 흔적을 고이 보내기는 얼마나 힘든 것일까. 분명 존재했던 것이라는 것을 인지하는 것만으로도 고이 보내드릴 수 있는 것이라는 것을 시인은 알기에 시집 속에 반추하는 것이 아닐까. 그와 모든 것이 들어있고 영원히 남아 있다.

그렇게 시인은 자신의 삶의 모든 것을 시집이라는 마당에서 꽃으로 피어내고 있다. 시인의 마당에는 흐드러진 꽃의 향연이 한창이다.

꽃은 생명이 세상에 펼치는
축제며 시요 축복이다